SOMOS LOS
GRIEGOS

LIBSA

© 2025, Editorial Libsa
C/ Puerto de Navacerrada, 88
28935 Móstoles (Madrid)
Tel.: (34) 91 657 25 80
e-mail: libsa@libsa.es
www.libsa.es

ISBN: 978-84-662-4348-3

Textos: Carla Nieto Martínez
Ilustración: Dean Grey · Advocate Art

DL: M 16910-2024

CONTENIDO

SOY ESTRATEGO

Mi nombre es Cimón, soy ciudadano ateniense y ocupo un cargo fundamental para el correcto funcionamiento de la polis (ciudad): el de estratego.

Los estrategos somos «los que más mandamos»: ejercemos la máxima autoridad militar (también nos llaman «generales») y civil, es decir, dirigimos prácticamente todo. Aunque hay estrategos en todas las ciudades, los más importantes y respetados somos los de Atenas.

Solo pueden ser estrategos los varones casados mayores de 30 años. Somos elegidos, en grupos de 10, por la Asamblea mediante designación directa y no por sorteo, como el resto de los cargos.

No es un oficio para débiles: tenemos que ser valientes y resolutivos, poseer dotes de mando y conocer muy bien las leyes. Una vez elegidos, pasamos un riguroso examen para demostrar nuestra capacitación y, sobre todo, nuestra honorabilidad. No percibimos ningún sueldo, pero no nos importa: servir a Atenas es la mejor recompensa.

Como jefes del ejército, dirigimos las operaciones militares y formamos parte del «Consejo de guerra» (nuestra opinión es clave cuando hay un conflicto); negociamos los tratados de paz y lideramos la política exterior.

En nuestro papel de «superministros», nos encargamos de todo lo relacionado con la administración, protegemos al comercio frente a la piratería, nos ocupamos de las finanzas…

Para evitar injusticias o abusos por tener tanto poder, estamos bajo la supervisión

de la Asamblea, a la que rendimos cuentas de nuestras actuaciones. Si uno de nosotros no ejerce debidamente el cargo puede ser destituido y juzgado.

Nuestro mandato dura un año, pero podemos presentarnos a la reelección tantas veces como queramos. Por eso, además de «hombres de acción», debemos ser excelentes oradores: si quieres repetir en el cargo, tienes que convencer a la Asamblea de que eres «la mejor opción» para la polis.

LA ASAMBLEA

En la democracia ateniense todos los ciudadanos podían participar en los asuntos públicos formando parte de la Asamblea, el principal foro de la vida política que reunía a unas 6 000 personas de todos los sectores de la población. Se celebraba cada 10 días en una colina llamada Pnyx, y los asuntos a tratar los decidía un consejo de 500 ciudadanos elegidos por sorteo. Los participantes podían presentar propuestas y también quejarse de la actuación de los funcionarios o de las medidas adoptadas por el estado.

El Pnyx (507 a.C.) con los escalones tallados de la plataforma del orador (*bema*), cerca de la Acrópolis de Atenas.

▶ El récord de la permanencia en el cargo de estratego lo ostenta Pericles, que fue elegido y reelegido continuamente durante… ¡30 años!

▷ En algunas ciudades griegas se crearon «colegios de estrategos» en los que se impartían los conocimientos clave y se entrenaban las habilidades necesarias para desempeñar este cargo.

Yo me presento todos los años (para ello preparo concienzudamente mis discursos) y siempre soy reelegido, y menos mal, porque no hay nada que me guste más que mi oficio. Y es que, una vez que «lo pruebas», ya no puedes dejar de ser estratego.

5

SOY ORADOR

Me llamo Antístenes y, la verdad, preferiría que me escucharais en vez de leerme, ya que soy orador, una profesión tan útil y con tanto impacto en la sociedad griega que hasta puede cambiar el rumbo de la historia.

A los griegos nos encanta argumentar, debatir… No en vano, inventamos la Asamblea. El «arte de hablar» es una asignatura fundamental en la escuela, pero los oradores «profesionales» damos un paso más en ese manejo de la palabra, y con estudio, lectura (de todo tipo de textos) y práctica alcanzamos la categoría de retóricos o «maestros de la oratoria».

Como no hay prensa, TV ni redes sociales, somos los que informamos a la población de lo que ocurre y divulgamos las ideas de pensadores y políticos (ambos pagan lo que sea por tener un buen «orador de cabecera»). También nos contratan para redactar la defensa ante los tribunales, homenajear a un personaje o explicar un asunto concreto a la ciudadanía.

Tengo que estar «al día» (siempre hay «listillos» infiltrados que te ponen a prueba) y por eso frecuento el ágora y escucho a otros oradores. También es importante tener don de gentes, buena memoria, ingenio, agilidad mental y dotes de teatralidad.

Contrariamente a lo que hacen los charlatanes (hay muchos), la oratoria implica mucho esfuerzo que empieza con la elaboración del discurso (nuestra herramienta de trabajo): concretar el tema, hacer el esquema, memorizarlo… y sigue con la puesta en escena: cuidamos nuestro aspecto (la elegancia es un plus), mantenemos el tono y no perdemos de vista la reacción del público, pues muchas veces hay que improvisar.

Un buen discurso tiene que ser convincente (si dudas, estás perdido), con un lenguaje sencillo, dejar muy claro el mensaje que se quiere transmitir, y, lo más importante, mantener la atención de los oyentes. Y ahí es donde despliego todo

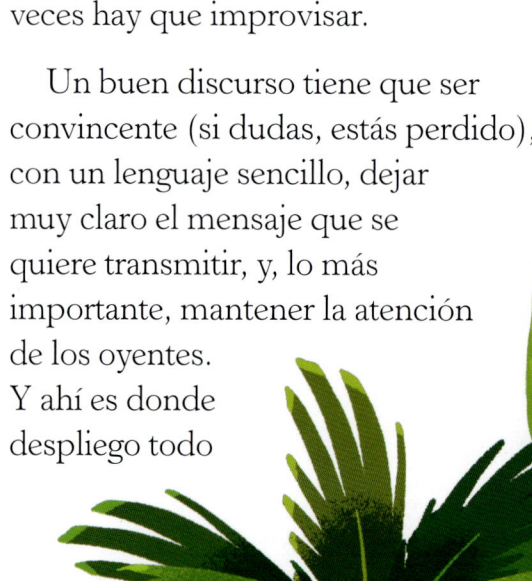

DEMÓSTENES: TARTAMUDEZ Y TOZUDEZ

Cuando Demóstenes –el mejor orador de la historia– pronunció su primer discurso, recibió burlas y abucheos, ya que era tartamudo. Y fue lo mejor que le pudo pasar, ya que, empeñado en ser orador, se sometió a un duro *training*: iba todos los días a la playa a gritar (para reforzar los pulmones) y llenaba su boca de piedras para pronunciar correctamente. Este esfuerzo, junto a su gran cultura y su ingenio, lo convirtió en un personaje clave. Un ejemplo son las *Filípicas*, sus discursos contra Filipo de Macedonia, enemigo de Atenas.

mi arte: exagero, narro anécdotas emotivas, les hago preguntas… Se trata de conseguir que sientan interés por lo que les cuento (como hace el maestro Demóstenes).

Los discursos son «armas» capaces de decidir un veredicto o cambiar una estrategia política, por eso procuro hacer bien mi trabajo, pero sin implicarme demasiado con las ideas de mis «clientes».

▶ Fueron muy populares los logógrafos, oradores expertos en leyes que elaboraban discursos por encargo para que luego los ciudadanos sometidos a un juicio los «interpretaran» ante un tribunal… y salieran ganadores.

▶ Los discursos más habituales eran de alabanza a un personaje o a la comunidad; de defensa de alguna propuesta o postura ante la Asamblea, y los jurídicos. No obstante, era frecuente que, ante una situación concreta, los oradores redactaran discursos «a medida», fuera de estas categorías.

SOY SOLDADO

Me presento: soy Alexámeno y formo parte del grupo de los hoplitas, soldados de infantería que «protagonizan» las numerosas batallas en las que participamos los griegos. Y es que para nosotros, la guerra es casi una forma de vida.

No es que a los griegos nos guste pelearnos, es que no nos queda más remedio: por un lado, porque estamos obligados a proteger (incluso con nuestra vida) las escasas tierras aptas para el cultivo que tenemos y, por otro, por la manía que tienen nuestros vecinos de venir a molestarnos, y claro, tenemos que defendernos.

En Grecia no elijes ser militar, sino que los hombres de entre 20 y 60 años estamos obligados a participar en el ejército, así que, en la práctica, todos somos ciudadanos-soldados (por cierto, tenemos que comprarnos nuestras armas y armaduras).

La mayoría somos hoplitas, y es fácil reconocernos por nuestro escudo redondo (*hoplón*); peto de metal; «rodilleras» de bronce (grebas) y un gran casco con visera o cresta. Este atuendo, que intimida a los enemigos a muchos kilómetros de distancia, nos obliga a estar en perfecta forma física, ya que supone llevar encima… ¡unos 30 kg de peso!

Los ciudadanos que no pueden pagarse el «uniforme guerrero» participan como arqueros y honderos (lanzadores de piedras con catapulta), formando las líneas de apoyo a los hoplitas.

Las batallas son por tierra y por mar –¡qué gran papel hacen nuestros colegas a bordo de los trirremes!– y siempre entre marzo y octubre, pues el resto del año coincide con la época de siembra y tenemos que ocuparnos del campo.

Antes de cada combate, consultamos al oráculo para saber si contamos con el visto bueno de los dioses. Si estos dan el OK, nos ponemos en marcha. Vamos a pie acompañados de asnos que transportan el kit de avituallamiento (pan, queso y aceitunas) y armas de repuesto.

Ya en el campo de batalla, somos implacables por nuestra estrategia de ataque en formaciones cerradas (falanges) en las que, a medida que se acerca el enemigo, los que están delante

TRIRREMES, IMBATIBLES EN EL MAR

Los griegos eran muy buenos en el combate marítimo, gracias en gran parte a su «buque estrella», el trirreme, que se movía con gran rapidez impulsado por 170 remeros sentados en tres niveles superpuestos a ambos lados del barco y que remaban al ritmo que marcaba el flautista que también iba a bordo. Cada trirreme tenía un espolón reforzado que permitía culminar con éxito la estrategia que usaban las flotas griegas: chocar a gran velocidad con las naves enemigas y hundirlas al instante.

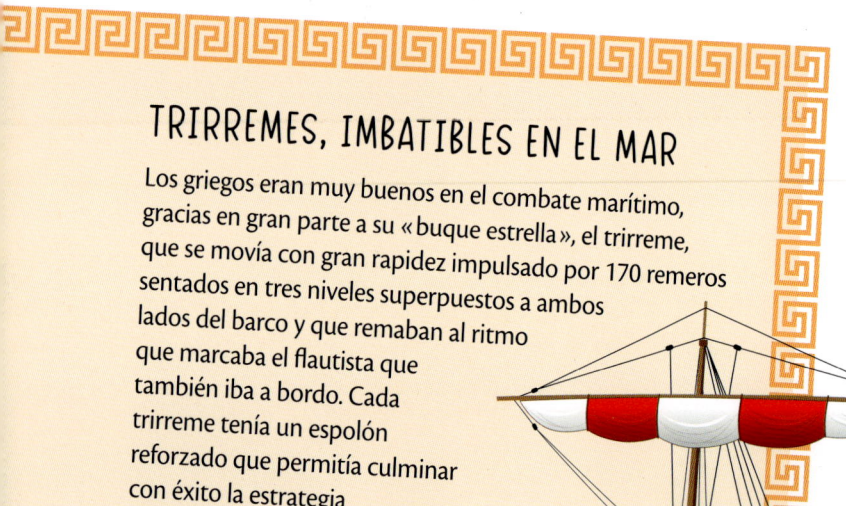

van bajando las lanzas (de madera con punta de hierro), con las que hacemos mucho daño. Esta técnica y la impasibilidad que mostramos en el combate hacen que seamos a la vez temidos y admirados.

Mientras el ejército ateniense podía llamar a filas a todos los hombres a partir de los 20 años, en Esparta no tenían reparo en reclutar a chicos más jóvenes … e incluso a niños.

Cuando el ejército decidía poner en marcha una campaña militar enviaban a un soldado-mensajero, el heraldo, encargado de llevar «en mano» la declaración de guerra al enemigo.

9

SOY FILÓSOFO

Me presento: soy Gorgias, sabio, pensador, divulgador y un poco influencer. No es pedantería: simplemente, enumero las cualidades que definen a los filósofos.

Es normal que los griegos seamos los «padres» de la filosofía, ya que somos un pueblo muy curioso y nos encanta analizar el porqué de las cosas. Hasta que inventamos esta disciplina, todas las cuestiones «sesudas» se explicaban a través de los mitos y los dioses, algo que nosotros cambiamos con dos «armas infalibles»: el razonamiento y la lógica. Que se nos defina como «amantes del pensamiento» no significa que el resto de los griegos no usen la materia gris, sino que nosotros interpretamos la realidad de una forma distinta.

Mi «trabajo», al que dedico buena parte del día, se basa en observar atentamente todo lo que ocurre a mi alrededor y en hacerme preguntas del tipo «¿Qué hay que hacer para ser justo y vivir feliz?», con la intención de buscar (y encontrar) respuestas a problemas, situaciones, comportamientos… Nuestra labor no consiste en aburrir con charlas y discursos a los ciudadanos para demostrarles lo listos que somos (como hace alguno de mis colegas…), sino en compartir con ellos nuestras reflexiones para que mejoren su conducta y su vida.

LA DIALÉCTICA

Las discusiones se planteaban como diálogos en los que era más importante la forma en la que se hacían las preguntas que el tema que se debatía. Se buscaba que los alumnos, a través de sus reflexiones y respuestas, llegaran por sí mismos a conclusiones y soluciones. Este sistema filosófico influyó mucho en el pensamiento de los griegos ya que les enseñó a razonar, estimuló su espíritu dialéctico y mejoró su vocabulario y su oratoria.

Platón y Aristóteles discutiendo. Detalle de un bajorrelieve de Luca della Robbia, siglo xv, Florencia, Italia.

Para ello, reúno a grupos de alumnos-oyentes y, usando la técnica de la discusión (pacífica, por supuesto), les planteo un tema y luego les hago preguntas y les animo a debatir las respuestas.

Yo casi no intervengo (aunque me gusta «encender» el ambiente con preguntas o argumentos «trampa»), pues se trata de que reaccionen, activen sus neuronas y aprendan a razonar por sí mismos. Y es que, como dice el gran Sócrates, «pensar es lo que diferencia a los hombres de los animales».

A los filósofos nos encanta pasearnos por la polis y que los ciudadanos nos reconozcan, nos respeten y nos inviten a sus casas y eventos, aunque también tenemos detractores que piensan que somos muy pesados con tanta pregunta y tanta reflexión. Y es que, como enseña la filosofía, no se puede gustar a todo el mundo…

▶ Sócrates, Platón y Aristóteles son considerados los padres de la filosofía. A partir de sus métodos surgieron distintas escuelas filosóficas y muchos hombres (y alguna mujer, como Hipatia) se dedicaron a esta profesión.

▶ En Esparta los filósofos estuvieron vetados durante un tiempo porque se pensaba que «incitaban a las disensiones y a inútiles diatribas».

SOY ASTRÓNOMO

**Soy Filolao y mi profesión es la de astrónomo…
aunque realmente soy un filósofo especializado
en contemplar y analizar el universo para saber
cómo funciona y por qué, que es básicamente en
lo que consiste la Astronomía.**

No inventamos la Astronomía, pero nadie le ha dado un toque tan
particular a esta ciencia como los griegos. Aunque tanto los egipcios
como astrónomos de Mesopotamia usaron con precisión la física o las
matemáticas, seguro que ninguno pasó tantas horas observando el cielo
y aplicando la filosofía (y la imaginación y la fantasía) a los enigmas
interestelares.

Que la Astronomía sea tomada en serio no ha sido fácil, pues todo
el mundo estaba convencido de que lo que ocurría en el firmamento
correspondía a los dioses. Pero los astrónomos sabemos que, Zeus & Co.
aparte, el espacio infinito se rige por sus propias leyes, así que fue todo un reto
desarrollar nuestras teorías sin ofender a ninguna divinidad ni autoridad.

Nuestro método consiste en observar las
características del universo y el comportamiento
de la Tierra. Algunos utilizan las matemáticas, pero la
mayoría, que sabemos sumar y restar y poco más, preferimos
otros recursos como la contemplación de estrellas. Yo las tengo
perfectamente identificadas en un mapa, gracias al cual comprendí el
movimiento de los cuerpos celestes o por qué unos brillan más
en determinados momentos del día.

Tenemos pocos instrumentos: cuadrantes,
astrolabios y un aparatejo llamado mecanismo de
Anticitera, de ahí el mérito de nuestros hallazgos,
a pesar de la escasez de medios técnicos y
preparación «académica»: la palabra «planeta»,
procedente de *planetes* («vagabundo»); la
posición de la Tierra (longitud y latitud);
predecir los eclipses; descubrir los
equinoccios…

Y, sobre todo, hemos
puesto en duda una creencia

EL MECANISMO DE ANTICITERA

A principios del siglo XX se descubrió un artilugio al
que se dio este nombre y que se comprobó que fue
ampliamente utilizado por los astrónomos griegos.
Se trata de un mecanismo con 40 engranajes y otros
elementos que permitían, girando una manivela,
determinar la posición y el movimiento de los planetas
y las estrellas o detectar la probabilidad de que se
produjera un eclipse. Muchos consideran a este
dispositivo como un antepasado directo del ordenador.

incuestionable: la de la Tierra como un planeta inmóvil en el centro del universo. Al principio, a los que afirmamos que son ella y el resto de los planetas los que giran alrededor de un gran «fuego central» (el Sol) nos miraban mal –¡la que le cayó encima a Hiparco de Nicea!–, pero cada vez son más los que encuentran una lógica a nuestra teoría. Desde aquí, toda mi solidaridad con Galileo, que pasó por lo mismo siglos después.

▶ Algunos de los cálculos astronómicos griegos son impresionantemente precisos. Uno de los más sorprendentes es el que hicieron de la distancia de la Tierra a la Luna… ¡y en el que solo se equivocaron en 20 000 km respecto al dato real!

▶ A Anaxágoras se le considera el padre de la Astronomía griega, pero su reconocimiento «oficial» como ciencia se debe a Tales de Mileto, quien en el 585 a.C. predijo exactamente cuándo se iba a producir un eclipse solar.

13

SOY ARQUITECTO

Mi nombre es Karpion y desempeño el noble oficio de diseñar edificios; en concreto, algunos de los que han hecho famosa y eterna a la arquitectura de la antigua Grecia.

Ser arquitecto en Atenas es a la vez un honor y una gran responsabilidad. Trabajamos por encargo de los gobernantes y cada proyecto implica superar un montón de obstáculos. El principal es la ubicación: los edificios tienen que verse desde todos los sitios, y por eso los templos se construyen en lo alto de las colinas.

Otro reto son las columnas (muy bonitas, muy elegantes, pero muy complicadas de diseñar). Y, también, la presión que supone competir con los colegas de otras ciudades para conseguir que tu obra sea «la más majestuosa», sin olvidar el estrés de tener que elegir entre los tres estilos arquitectónicos.

Tenemos que saber matemáticas y, sobre todo, geometría, para que todo encaje al milímetro (incluida la ornamentación de los edificios). Gracias al dominio del cálculo aplico mi truco óptico «infalible» para que los templos produzcan un impacto de grandiosidad: inclinar las columnas ligeramente hacia dentro (no me pillaron hasta muchos siglos después, cuando se analizaron estas obras con herramientas de alta precisión).

► Los griegos tenían tres estilos de construcción, definidos por el tipo de columnas: dórico (capitel liso, sin relieve), jónico (capitel con forma de volutas) y corintio (capitel con hojas de acanto).

ESCULTORES Y ARQUITECTURA

Una de las características de la arquitectura griega es la integración de esculturas en forma de relieves en los frisos y estatuas en los frontones. Por eso los escultores solían «llevarse todo el mérito» y, además, era el único oficio manual con reconocimiento social. Lo cierto es que su fama era muy merecida, ya que además de su aportación a la arquitectura, desarrollaron un estilo propio reflejado en esculturas de gran belleza y realismo.

La geometría también ayuda mucho en los planos de ciudades; para «inventar» espacios públicos (como el *bouleterion*, donde se reúne el Consejo) o diseñar otros edificios civiles (bibliotecas, hipódromos, anfiteatros…).

Sabemos que servimos de inspiración a arquitectos de todos los tiempos, aunque, en el caso de los romanos, habría que hablar más bien de copias descaradas…

▶ El edificio más famoso de la Grecia Antigua es el Partenón, el templo más grande de la Acrópolis y en el que se emplearon 20 000 toneladas de bloques de piedra. Tiene planta rectangular y está rodeado de columnas de orden dórico.

SOY ATLETA

Me llamo Exoidas y, como atleta que soy, he tenido el honor de participar en dos Juegos Olímpicos, el sueño de todo deportista y, también, de cualquier griego.

Todos –sí, todos– los griegos estamos en una estupenda forma física. Por eso, ser atleta no es tanto una profesión sino más bien un estilo de vida, ya que en Grecia el deporte es a la vez diversión, salud y una manera de honrar a los dioses (además de una puesta a punto por si hay que participar en alguna guerra).

De hecho, el deporte es una de las asignaturas más importantes en la escuela, y la práctica de ejercicio físico forma parte de la rutina diaria de los hombres.

Yo hago todos los días deporte al aire libre (de la Acrópolis a casa, ida y vuelta), pero para un entrenamiento intenso, nada como el *gimnasium*, que es a la vez un centro deportivo y una sala de conferencias. Puedes usar tanto la palestra (una superficie extensa en la que se practica cualquier deporte) como la pista de carreras, pero hay que seguir un ritual: antes de entrenar, ducharse y untarse de aceite, y al terminar, darse un baño relajante.

En el *gimnasium* no se puede ir por libre, sino que es el entrenador (*paidotribo*) quien marca la pauta y hace el plan de rutinas individual. Es fácil identificarlo: va cubierto con un manto púrpura y lleva un bastón.

Los deportes más populares son los que compiten en los Juegos Olímpicos: el pentatlón (lanzamiento de disco y de jabalina, salto, lucha y carrera), la lucha, el boxeo, las carreras de caballos… Algunos no son aptos para amateurs, como el *pankration*, mezcla de lucha y boxeo que, por cierto, es mi especialidad.

Aunque hay otros juegos deportivos, los Olímpicos son otro nivel. Participar en ellos te cambia la vida y si encima ganas alguna prueba, como ha sido mi caso, –y aunque «oficialmente» el premio es solo una corona de olivo–, se multiplica tu prestigio social y el de tu familia. Incluso hay atletas a los que se les considera semihéroes y hasta se les venera en estatuas que los representan…

Los primeros Juegos Olímpicos de la historia se celebraron en el 776 a.C. Muchos siglos después, se retoman (son los Juegos Olímpicos de la Era Moderna) en 1896 en Atenas y desde entonces se siguen celebrando (con algunas excepciones de causa mayor) cada cuatro años.

LOS JUEGOS OLÍMPICOS

Cada cuatro años se celebraban en la ciudad de Olimpia unos juegos en honor a Zeus a los que acudían atletas de toda Grecia para participar en las distintas disciplinas deportivas. Duraban cinco días y su epicentro era un estadio con capacidad para 40 000 personas. La prueba «estrella» era la carrera con caballos. Los atletas competían desnudos y untados de aceite. Este evento era tan importante que durante su celebración, en caso de que hubiera guerra, los ejércitos pactaban una tregua.

Este texto del poeta Aristófanes refleja lo importante que era para los griegos estar en buena forma física: «Bajo los olivos sagrados iniciarás tu carrera. Así tendrás siempre el pecho robusto, la tez clara y los hombros anchos».

SOY DRAMATURGO

Me presento: soy Tespis y me dedico a escribir obras teatrales. De hecho, se me reconoce como el primer dramaturgo de la historia, todo un honor teniendo en cuenta lo que significa el teatro para la sociedad griega…

El teatro es –con diferencia– el pasatiempo preferido de los griegos. Ya desde sus orígenes, como representaciones que se hacían en las fiestas en honor a Dionisos, el éxito de estas obras fue total, y actualmente son un espectáculo al que acude toda la familia.

El «plan teatro» dura una jornada entera, ya que la «sesión» incluye muchas obras que se representan una tras otra. Todo el mundo puede asistir porque la entrada es gratuita para los que no tienen medios económicos.

Son representaciones al aire libre, en edificios circulares con capacidad para 13 000-14 000 personas. Las gradas son de piedra, así que, junto con la comida y la bebida, los asistentes se llevan de casa varios cojines (muy útiles para las *minisiestas* entre una obra y otra).

▶ Las obras de teatro griegas se siguen representando en la actualidad. Los autores de tragedia más famosos fueron Eurípides, Sófocles y Esquilo, mientras que Aristófanes es el máximo representante de la comedia.

TRAGEDIAS Y COMEDIAS: MISMO PÚBLICO, DISTINTAS HISTORIAS

Las tragedias estaban escritas en verso y trataban de conflictos humanos: la lucha contra la adversidad, el destino, las malas acciones… Los personajes protagonizaban dramas cuyo desenlace siempre transmitía una lección o enseñanza. El objetivo de las comedias era divertir y, también, criticar —y burlarse— de determinados personajes o situaciones de la sociedad griega, con un estilo más desenfadado que la tragedia.

Hay dos tipos de obras: tragedias y comedias, y aunque los dramaturgos gozamos de mucho prestigio, no se trata de un oficio fácil: crear una historia que van a ver a miles de personas supone una enorme responsabilidad, ya que, además de entretener, el objetivo es conseguir que el público aprenda y reflexione.

También supone un reto constante: cada nueva temporada se celebra un concurso en el que los autores presentamos los manuscritos (tres tragedias y una comedia) ante un jurado elegido específicamente para seleccionar las mejores obras. Y tampoco es fácil «ganarse» el apoyo del *corego*, que es a la vez empresario, financiador y director del espectáculo.

Pero el «veredicto final» siempre lo dan los espectadores: los atenienses son un público «sin filtros» y expresan claramente lo que les está pareciendo la obra: aplauden, gritan, patalean o incluso lanzan objetos (siempre hay guardias de seguridad en los teatros).

Por suerte, mis obras, que gustan bastante, suelen ser seleccionadas, por lo que además de aplausos también recibo un premio «en especies»: una cabra para las tragedias y una cesta de higos para las comedias. No está mal, ¿eh?

▶ Las representaciones teatrales eran de las pocas actividades públicas a las que les estaba permitido asistir a las mujeres atenienses, que solían acudir acompañadas del resto de su familia.

19

SOY ACTOR

Mi nombre es Egan y soy actor, un oficio que en Grecia resulta a la vez gratificante y estresante, teniendo en cuenta la cantidad de obras que se representan… y de personajes que interpretamos en una misma función.

El gremio de actores (la «agrupación de artistas dionisíacos») es muy activo, dada la importancia del teatro en Grecia. Los hombres interpretamos todos los personajes (masculinos y femeninos) y, además, cada actor se mete en la piel de dos, tres… o más protagonistas en una misma obra.

Hay «actores-actores», que estamos sobre el escenario –no puede haber más de tres en escena–, y coreutas, que se sitúan en la *orchestra* y se encargan de «reforzar» nuestro papel, explicando el argumento, animando al público a que intervenga y, en el caso de las comedias, cantando y bailando.

Los actores nunca damos la cara… porque llevamos una máscara de cerámica (que pesa bastante, por cierto), con una boca muy ancha (para amplificar la voz) y que refleja una emoción distinta según el personaje: feliz, triste, furioso…

Nuestro *outfit* se completa con pelucas, ropas muy ceñidas que en las comedias se «rellenan» con almohadones para convertirnos en «barrigones» (el público se parte de risa, pero a mí no me hace ninguna gracia) y unos zapatones (coturnos) de suela muy gruesa.

Aunque me encanta actuar, resulta agotador eso de adoptar «personalidad múltiple», ensayar muchas horas y, sobre todo, recitar el texto al compás de los cánticos (muchos, desafinados) y diálogos del coro.

Y, además, es una profesión de riesgo: como muchos personajes tienen que «volar», es normal que nos aten a una grúa y sobrevolemos por el escenario, y también que tengamos que

▶ Los coreutas estaban dirigidos por el corego, un ciudadano adinerado que financiaba la obra y, también, pagaba las máscaras (que eran muy caras). En las tragedias intervenían unos 15 coreutas, mientras que en las comedias había más: unos 24.

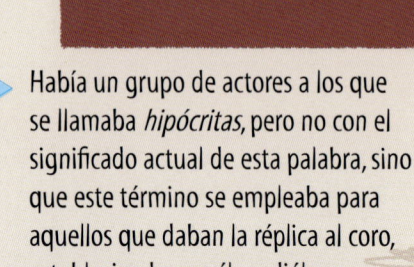

▶ Había un grupo de actores a los que se llamaba *hipócritas*, pero no con el significado actual de esta palabra, sino que este término se empleaba para aquellos que daban la réplica al coro, estableciendo con él un diálogo.

«desaparecer» de repente saltando a unos túneles bajo el escenario (con coscorrón asegurado); por no hablar del «lanzamiento de objetos» del público si la obra no les gusta o las amenazas si un personaje les cae mal.

Por eso, se podría decir que nos dedicamos a esto «por amor al arte»… pero la verdad es que también tiene sus ventajas: estamos libres del servicio militar, tenemos libertad de movimiento entre estados y fronteras y, si la obra tiene éxito, recibimos regalos en especie.

LA ORCHESTRA, EL ALMA DEL TEATRO

Los teatros griegos eran semicirculares y se construían en las laderas de las colinas, para asegurar una buena visibilidad. Los asientos se repartían en filas, enfrente del escenario (situado a una altura elevada) y justo en el centro estaba la *orchestra*, un espacio circular con una estupenda acústica (el sonido llegaba hasta las últimas filas) y desde el que el coro mantenía el ritmo y la acción de la obra en todo lo alto.

Teatro de Herodes Ático (Atenas, Grecia).

SOY MÉDICO

Mi nombre es Euforbo y soy uno de los muchos profesionales que ejercen el ilustre arte hipocrático de curar y prevenir los males que afectan al cuerpo; es decir: soy médico.

Los médicos griegos nos enfrentamos a dos potentes «rivales»: el mismísimo Asclepio (dios de la salud) y los curanderos (más bien, charlatanes). En cuanto al primero, su «intrusismo» está justificado, pues durante mucho tiempo se pensó que las enfermedades eran un castigo divino, y por eso los enfermos peregrinaban a su templo y pasaban allí la noche.

Muchos aseguraban que Asclepio les había dicho en sueños qué medicina les iría bien, y los sacerdotes del templo tomaban nota y preparaban el remedio. A los que no habían soñado con la divinidad se les daba unos brebajes «estándar».

Los curanderos no tienen ni idea de medicina y engañan a la gente con trucos de magia, falsas pócimas y mucha palabrería.

Todo cambió desde que Hipócrates, el padre de la medicina, demostró que las enfermedades se producen por causas naturales y que se curan aplicando la ciencia. Se crearon entonces muchas escuelas de medicina. Yo estudié en una de ellas y allí aprendí cómo hacer un diagnóstico (examinar e interrogar a los

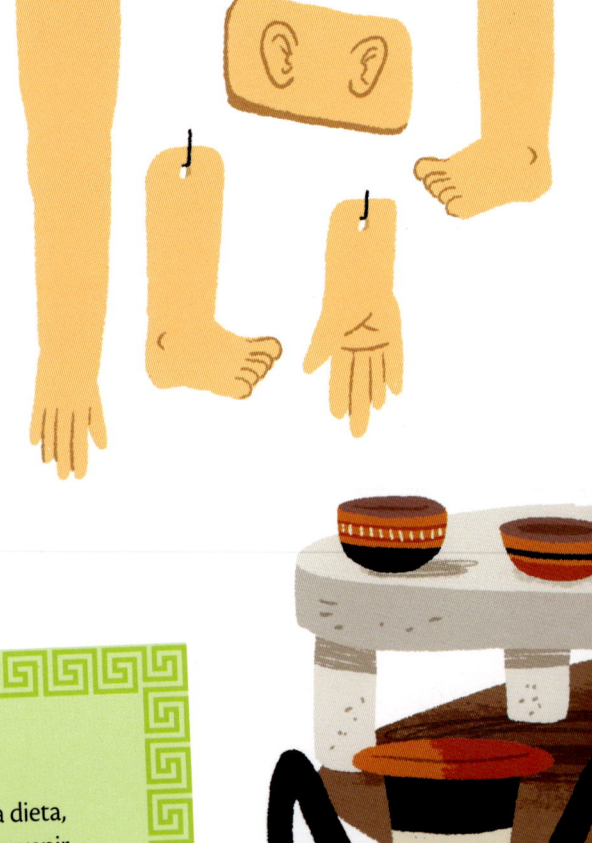

Cuando estaban enfermos, los pacientes acudían a los santuarios con una ofrenda que representaba la parte del cuerpo que deseaban curar.

HIPÓCRATES

Para Hipócrates, los remedios curaban, pero la dieta, el ejercicio y la vida sana eran lo mejor para prevenir enfermedades. Y practicó con el ejemplo: seguía unos horarios fijos, comía poco, caminaba mucho, madrugaba y se acostaba pronto, y así llegó a los 83 años. Escribió 53 libros sobre temas médicos y resumió las normas de conducta que se deben seguir al tratar a los pacientes en el Juramento Hipocrático que a día de hoy siguen leyendo los nuevos médicos antes de empezar a ejercer su profesión, la medicina.

pacientes para saber qué es lo que funciona mal) y cuál es el mejor tratamiento para cada enfermedad.

Aplico técnicas como las sangrías (para «depurar» la sangre); preparo medicinas a base de plantas, y receto mucha miel (remedio infalible). Y cuando se trata de algo leve (un resfriado, un dolor de cabeza), les mando una terapia que nunca falla: bañarse con agua fría y caliente, y luego, extender aceite de oliva por el cuerpo.

A mi consulta (*iatreion*) acuden muchos pacientes, cuya «historia clínica» registro en rollos de pergamino. Hay médicos que prestan sus servicios a domicilio; unos pocos atienden solo a los gobernantes (están muy bien pagados), y algunos acompañan al ejército en sus campañas.

Y sí, la gente sigue pidiendo la protección de Asclepio (yo también lo hago), pero ahora saben que este dios puede trabajar en equipo con los médicos. En cuanto a los charlatanes, aún hay muchos campando a sus anchas…

▶ En la consulta trataban todo tipo de enfermedades; extraían dientes y algunos —muy pocos— practicaban la cirugía en «quirófanos». Para ello utilizaban cuchillos, escalpelos y pinzas y anestesiaban a los pacientes con opio y raíz de mandrágora.

SOY MAESTRO

Me llamo Baal y mi trabajo implica una enorme responsabilidad: la de educar a los niños de la polis, una tarea que nos repartimos tres tipos de maestros: *grammatistes*, citaristas y *paidotribes*.

En Grecia no hay colegios públicos, así que los niños, a partir de los 7 años, acuden a las casas-escuelas de los maestros privados (las niñas son educadas en el *oikos* por sus madres).

Hay tres bloques de asignaturas que impartimos profesores distintos: las letras (el *grammatistes*), la música (el citarista) y la gimnasia (el *paidotribes*). Yo soy *grammatistes* y conmigo aprenden a leer y a escribir con una caligrafía impecable, y memorizan fragmentos de nuestros grandes poetas. También les enseño aritmética y les doy lecciones sobre modales, moralidad, culto a los dioses…

En clase los niños utilizan una tableta con cera que puede alisarse para volver a escribir sobre ella (del tipo «pizarras mágicas») y es obligatorio que estén siempre atentos y en silencio. En el aula también están los becarios (además de asistir como oyentes, preparan el material, limpian el aula, me hacen los recados…) y el pedagogo de cada uno de los alumnos.

Cuando son más mayores entra en acción mi colega el citarista, que les enseña a tocar distintos instrumentos (la cítara, el arpa…) sin partituras, haciéndoles repetir las piezas una y otra vez. Su labor es muy importante dado que

EL PEDAGOGO, SIEMPRE PRESENTE

El pedagogo complementaba la labor del maestro. Era un sirviente doméstico que se encargaba de los niños 24/7. No solo los acompañaba –y asistía– a clase, sino que les ayudaba a hacer las tareas y les daba clases extraescolares (de oratoria, de protocolo…). Su misión era asegurar que el niño se comportara adecuadamente en todo momento, y por eso siempre llevaba a mano un bastón o varilla… por si había que corregir alguna conducta o despiste.

▶ La mayoría de los niños podían escolarizarse ya que las escuelas no eran muy caras y, además, el estado pagaba la educación de los hijos de los ciudadanos fallecidos en defensa de la patria.

la música forma parte de todos los eventos y celebraciones en los que participamos los griegos.

A partir de los 14 años la educación se centra en el entrenamiento físico (todo alumno puede ser un soldado potencial en el futuro) y el *paidotribes* traslada el aula a la palestra. Todos tienen que aprobar, al menos, las «asignaturas» del pentatlón: salto, carrera, lucha y lanzamiento de disco y jabalina.

Los tres tenemos un objetivo común: que cada alumno alcance la excelencia física e intelectual (la *areté*). Y lo hacemos casi «por amor al arte», ya que nuestra profesión no tiene el prestigio que debería y, por tanto, nuestros sueldos son bastante bajos…

▷ Curiosamente la formación intelectual (la filosofía, las ciencias) se consideraba menos importante que la física, así que lo habitual era que quienes tenían interés por estas asignaturas las estudiaran como «optativas».

SOY CERAMISTA

Mi nombre es Sófilos y soy uno de los muchos artesanos-ceramistas de Atenas que a diario convierten los utensilios más domésticos en pequeñas obras «artísticas» que llevan nuestro copyright.

Toda Grecia sabe que la mejor cerámica se hace en Atenas, en el barrio del Cerámico (*Kerameikos*), donde vivimos y trabajamos los ceramistas. La calidad de la arcilla de esta zona es excepcional, pero lo que marca la diferencia es el «toque maestro» que le damos a cada pieza, decorándola por dentro y por fuera con tal detalle que, en nuestras manos, una vasija ya no es una vasija, sino que se convierte en una obra de arte.

La mayoría de los ceramistas tenemos taller propio y contamos con la ayuda de un esclavo y de algún aprendiz. Yo, al igual que mis colegas, trabajo de sol a sol: me levanto al amanecer, me pongo mi *exomis* (túnica corta que deja un hombro al descubierto) y me siento delante del torno que, junto a la arcilla y las pinturas, son mis únicas herramientas.

Trabajo por encargo, aunque también fabrico piezas para vender en el taller, pues tengo muy buenos clientes, entre ellos varios comerciantes (fuera de Atenas estas piezas se consideran un artículo de lujo).

Hago objetos de todo tipo, tanto de uso doméstico (jarras, vasos, fuentes) como recipientes para guardar los productos del campo, pero la pieza «estrella» es el ánfora (vasija con dos asas y cuello estrecho), que es, de hecho, una de las piezas de cerámica griega más representativa.

La decoración de las piezas es muy variada: figuras humanas, animales, vegetales o geométricas; escenas mitológicas, de la vida cotidiana… Pero lo que define nuestra genialidad es la técnica de color que utilizamos.

FIGURAS NEGRAS, FIGURAS ROJAS

Mezclando distintos tipos de arcilla y utilizando pigmentos minerales como pintura, estos artesanos crearon una nueva forma de decorado que dio lugar a dos «estilos» de cerámica: la de **figuras negras**, en la que se pintaban siluetas de este color sobre un fondo de arcilla roja, y la de **figuras rojas**, usando un tipo de arcilla que, al cocerse, se volvía negra y sobre la que representaban dioses o animales de color rojo-anaranjado que obtenían mezclando arcilla negra diluida con óxido de hierro rojo.

A pesar del éxito de nuestros productos, en Grecia los trabajos manuales se consideran «de segunda categoría», excepto el de los escultores, que se llevan todos los aplausos (y se lo tienen muy creído…).

Pero nos da igual: estamos tan orgullosos de nuestras creaciones que las firmamos todas. Además, ¿qué mayor reconocimiento que contar con la admiración de las civilizaciones posteriores a las que, a día de hoy, les sigue impresionando nuestra cerámica?

▷ Era frecuente que además de escenas y figuras, en muchas de estas piezas se pintaran ojos. Con ello pretendían dotar de vida y dar un «poder añadido» a los objetos de uso cotidiano.

▷ Una gran cantidad de estas cerámicas, sobre todo vasos, se han conservado en perfecto estado por su excelente calidad y también porque muchas de ellas proceden de las tumbas de la época, en las que se depositaban como ofrenda.

SOY CAMPESINO

Hola, me llamo Demetrios y me dedico a la agricultura, un oficio «ejemplar», no porque lo diga yo, sino porque en la sociedad griega, el estilo de vida de los que nos dedicamos al campo se considera el mejor.

¿Cómo es posible que con un clima tan seco, montañas por todos lados y suelos rocosos la agricultura sea la principal fuente de riqueza de Grecia? Pues gracias a la «genialidad» de los campesinos, que sacamos todo el partido a una tierra muy poco fértil.

Yo, al igual que mis colegas, vivo con mi familia en una granja junto a una pequeña parcela de tierra en la que cultivo cebada, trigo, habas y guisantes. También tengo un manzano y un granado. Y soy campesino-apicultor, pues he instalado una «falsa colmena» de arcilla de la que obtengo una miel deliciosa. Además, crío animales (cabras, ovejas y cerdos). Con todo ello cubro las necesidades de mi familia y cuando la cosecha es muy abundante, monto un puesto en el ágora, donde vendo mis productos.

Los campesinos somos también los máximos responsables de los dos alimentos más importantes del país: las uvas y las aceitunas, que se cultivan cerca de las montañas, y con los que se elaboran el vino y el aceite de oliva que exportamos e intercambiamos por cereales.

Trabajamos de sol a sol todos los días, pero es en otoño cuando la tarea se acumula. ¡Menos mal que me ayuda mi familia! Son los meses de siembra y en septiembre toca vendimia, una labor que me encanta porque la hacemos al ritmo de las melodías que toca un flautista. Una parte de las uvas se seca al sol y el resto se destina a la elaboración del vino.

La siembra es menos «festiva»: un arado de madera tirado por un buey hace el surco y yo voy detrás, esparciendo a mano las semillas.

A diferencia del resto de los trabajos manuales, las labores del campo son muy valoradas y a los campesinos se nos pone como ejemplo de lo que es una vida sana: trabajo duro, pero hecho sin prisas; madrugar, moverse mucho y estar en contacto directo con la tierra, que es una de las cosas más beneficiosas para el cuerpo y el espíritu.

El aceite de oliva era tan apreciado que estaba estipulado que aquel que arrancara una rama o deteriorara de cualquier forma un olivo era castigado con la confiscación de sus bienes, con el destierro e incluso… con la muerte.

ORO LÍQUIDO

Los griegos pronto se dieron cuenta del valor del aceite de oliva, y potenciaron el cultivo de olivares. Recogían las aceitunas haciéndolas caer mediante largas varas con las que movían las ramas. Después, las prensaban en molinos de piedra para obtener el aceite que, además de para cocinar, usaban también como jabón corporal, combustible de lámparas, en cosméticos y medicinas… Los pueblos mediterráneos intercambiaban sus productos por aceite de oliva, ya que lo consideraban como un artículo muy preciado.

Los campesinos griegos fueron los primeros en recurrir al barbecho, una técnica que consiste en arar el terreno tras la cosecha y dejarlo un año sin cultivar. De esta forma, la tierra descansaba y recuperaba parte de su fertilidad.

SOY METECO

Mi nombre es Céfalo y soy un ateniense «no ciudadano». Y es que a diferencia de otras polis y estados, en Atenas lo de ser autóctono es «lo más», así que para los que vivimos –pero no nacimos– aquí se inventaron la categoría de meteco.

Soy «el que vive al lado» (que es lo que significa *meteco*). Como todos los de mi «categoría», no nací en Atenas, aunque llevo años viviendo aquí, pero al no poseer la ciudadanía (la «joya de la corona» de los atenienses) estoy sometido a una serie de reglas. Por ejemplo, no puedo comprar casas ni tierras, votar ni ocupar cargos públicos.

Tenemos protección legal siempre y cuando contemos con un ciudadano que nos avale o represente en caso de conflicto (*prostates*). Podemos participar en las ceremonias religiosas y otros eventos y, si hay una guerra, somos llamados a filas.

Nos dedicamos a los negocios, a la artesanía, a la banca y, sobre todo, al comercio. Estamos obligados a pagar un impuesto especial bastante elevado (*metoikion*) que refuerza –y mucho– las finanzas atenienses.

Como los negocios nos van muy bien, muchos metecos somos ricos… o muy ricos (es mi caso), y, además, somos muy solidarios –y cero resentidos–, así que hacemos grandes donaciones para la mejora de la ciudad y ayudamos a jóvenes artistas y profesionales.

Los atenienses, que son muy particulares, no dudan en recordarnos que somos habitantes «de segunda», aunque lo hacen más sutilmente que con los esclavos y libertos. Por ejemplo, nos distribuyen en distintos *domos* (distritos) para evitar que formemos una comunidad, y se muestran muy altivos cuando estamos delante. Pero aunque no lo reconozcan, no pueden vivir sin nuestra experiencia profesional y, sobre todo, sin nuestro dinero.

Convivimos sin problemas siempre que no se rompan las reglas, pero un meteco nunca será ciudadano: los atenienses se empeñan en que los extranjeros no podemos «implicarnos» al 100 % en los valores de Atenas (lengua, cultura y religión), aunque vivamos aquí toda la vida.

▶ Muchos personajes ilustres de la antigua Grecia, entre ellos Hipócrates y Heródoto, eran metecos. Asimismo, tres de los 10 mejores oradores atenienses pertenecían a esta categoría: Iseo de Calcis, Lisias y Dinarco de Corinto.

ESCLAVOS Y LIBERTOS: LOS OTROS EXTRANJEROS

Los esclavos, el grupo más numeroso de habitantes, carecían de derechos y hacían todo tipo de trabajos. Los libertos eran esclavos que lograban ganarse la libertad por distintos medios: por decisión de la Asamblea; por una declaración a favor de sus amos; o por pago de altas cantidades de dinero, procedentes de sus ahorros (algunos esclavos recibían un sueldo por su trabajo) o de alguna herencia o ayuda familiar. Ni esclavos ni libertos eran considerados ciudadanos atenienses.

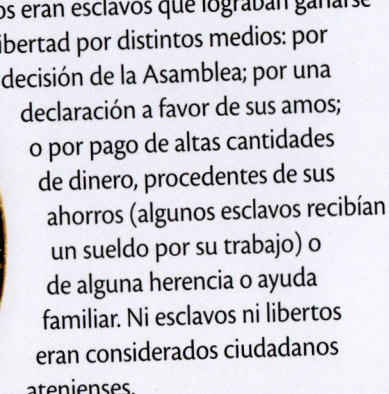

En Atenas, casi la mitad de los habitantes eran metecos (unos 20 000) procedentes sobre todo de Grecia, pero también había fenicios, egipcios, árabes…

SOY AMA DE CASA

Hola, mi nombre es Demetria y soy la responsable máxima del *oikos*, el hogar de las familias griegas, un «oficio», el de ama de casa, al que me dedico de forma exclusiva no por elección, sino porque así está estipulado…

Lo siento, pero esta es nuestra realidad: las mujeres griegas, aunque libres y ciudadanas de pleno derecho, casi no tenemos presencia pública –¡con el juego que daríamos!–, ya que dependemos de nuestros padres y, tras casarnos, de nuestros maridos. No tenemos dinero, ni propiedades ni podemos participar en la Asamblea…

Desde pequeñas, nuestro «oficio» está determinado: casarnos, tener hijos, cuidarlos y administrar y organizar el hogar. Lo hago encantada, pero me gustaría socializar más y no pasar tanto tiempo en el gineceo, del que solo salgo para hacer las tareas domésticas.

Eso sí, no paro en todo el día: al amanecer, muelo el grano y preparo el pan; después, organizo la casa; coso prendas para toda la familia, reviso la despensa, compruebo las cuentas…

A lo que dedico más tiempo es a mis hijos, sobre todo a las niñas, ya que somos las responsables de su educación. Como sé lo que les espera en un futuro, les enseño cómo gestionar el hogar, pero también me aseguro de que sepan bailar y tocar instrumentos y, sobre todo, me he empeñado en que aprendan a leer y escribir.

Las amas de casa de las clases altas trabajan menos, pues tienen esclavas a las que supervisan, pero se aburren más, porque casi no pisan la calle. El resto lo tenemos mejor, ya

▶ El gineceo era una especie de apartamento con todas las comodidades. Allí criaban a los hijos, aunque los niños, a los 7 años, pasaban a ser responsabilidad del padre.

que vamos con frecuencia al ágora para hacer la compra o intercambiar productos.

Aunque tenemos muy poca vida social, somos muy coquetas y siempre vamos impecables, vestidas con preciosas túnicas, peinados sofisticados (nuestros recogidos son obras maestras), joyas de todo tipo y, por supuesto, maquillaje (las sombras de ojos rojas y verdes que usamos marcan tendencia).

En el *oikos* convivimos muchas mujeres (suegras, cuñadas…) y tenemos mucha complicidad: organizamos «salidas clandestinas» cuando los hombres no están (algunos pasan mucho tiempo en la guerra) y planeamos estrategias para ser más «visibles» en los momentos clave. Hemos logrado algún avance… pero aún hay mucho por hacer.

UNA VIDA SOCIAL MUY LIMITADA

A pesar del «aislamiento», las mujeres cumplían funciones fuera del hogar: su presencia era imprescindible en bodas y funerales; asistían en el parto a las mujeres de la familia y cada vez fueron teniendo más protagonismo en las ceremonias religiosas, organizando las ofrendas a los dioses, participando activamente en las Tesmoforias (fiestas dedicadas a Deméter y Perséfone, las deidades femeninas) y tomando parte en los rituales funerarios, preparando el cuerpo del difunto.

▶ En Esparta la situación de las mujeres era distinta: podían ser propietarias, dirigir las granjas y los negocios familiares y si sus maridos pasaban un tiempo excesivo en la guerra, volver a casarse.

SOY HETAIRA

Me llamo Gnatena y pertenezco a un grupo de mujeres muy peculiar y exclusivo de Atenas y Corinto: las hetairas. «Oficialmente» somos acompañantes de personalidades destacadas, aunque nuestro papel es mucho más amplio… e interesante.

La palabra hetaira significa «acompañante femenina», pero mi trabajo va más allá de «figurar» en los eventos sociales ya que, como reflejan las representaciones artísticas en las que aparecemos, nuestra labor en la polis es muy importante.

Muchos creen que somos «mujeres florero», lo que demuestra que no tienen ni idea de las condiciones que debe reunir una hetaira: refinamiento, modales exquisitos, amplia cultura general, dotes diplomáticas y –muy importante– un buen nivel de conocimientos artísticos. Somos excelentes conversadoras (y escuchadoras) y hacemos gala de un gran ingenio.

Nos relacionamos con los personajes más relevantes de la política y la cultura y nuestro principal «campo de actuación» son los simposios (sin nosotras, no serían más que una «reunión de amiguetes»), donde ejercemos de «maestras de ceremonia»: bailamos, cantamos, tocamos instrumentos (mi especialidad es el *aulós*, un tipo de flauta), hacemos acrobacias y, también, proponemos debates sobre temas sociales y culturales. Otros foros que frecuentamos son los gimnasios y las fiestas privadas.

Gracias al contacto con los profesionales más exitosos tenemos conocimientos de leyes y finanzas y esto, unido a que cobramos un buen sueldo, hace que la mayoría disfrutemos de una buena posición económica (de hecho, donamos importantes cantidades de dinero para obras sociales).

► Muchas hetairas eran mujeres de la alta sociedad que tenían deudas y optaban por esta profesión para mejorar su situación económica. Otras eran ciudadanas de lugares conquistados por Grecia que «automáticamente» eran consideradas esclavas, y entonces elegían ejercer como hetairas.

El «estilo hetaira» es muy característico: túnicas vaporosas y transparentes y pelo recogido en moños superelaborados. Con frecuencia somos musas de artistas (yo he sido modelo de algunas esculturas de Afrodita) y filósofos (algunos tienen en cuenta nuestras opiniones al elaborar sus teorías).

El resto de las mujeres nos envidian (normal, pues tenemos más libertad que ellas) y muchos nos critican, pero a todos les fascina el halo de misterio que envuelve nuestro trabajo. Y mientras el resto murmura, yo me sigo codeando con la élite, aprendiendo un montón y divirtiéndome mucho.

LOS SIMPOSIOS

Los simposios eran reuniones —más bien banquetes— en las que los hombres más relevantes, además de divertirse, comentaban la actualidad y tomaban decisiones importantes. Se celebraban al atardecer y contaban con un mínimo de 15 asistentes, que comían reclinados en sofás y practicaban juegos como el cótabos, una especie de tiro al blanco en el que la «munición» era el vino de las copas. Las hetairas eran las encargadas de amenizar la reunión y asegurar que reinaran la diversión y el buen ambiente.

▶ Tanto en el arte (sobre todo en la pintura y en la decoración de la cerámica) como en la literatura griegas hay continuas alusiones a las hetairas, a las que siempre se representa formando parte de los simposios.

SOY TEJEDORA

Los tejidos griegos son famosos por su calidad, y los ciudadanos de las polis han marcado tendencia en la Antigüedad por su elegancia. Detrás de todo esto están las tejedoras. Me llamo Pánfila y soy una de ellas.

En realidad, nuestro oficio no es exclusivo de un gremio, sino que en Grecia, todas las mujeres –incluso las ricas y de clase alta– somos tejedoras/hilanderas. De hecho, se considera una actividad «tan femenina» que cuando nace una niña, en la puerta de la casa se cuelga un copo de lana para anunciarlo.

Dedicamos buena parte del día a esta tarea, que aprendimos de nuestras madres. En cada gineceo hay un telar vertical pegado a una pared, en el que la tela se va envolviendo en la parte superior a medida que la vamos acabando. Siempre hilamos «hacia arriba» para honrar a nuestra patrona, la diosa Atenea.

Fabricamos el material necesario para elaborar la ropa de la familia y también los útiles y adornos necesarios para el hogar, en tres tipos de tejidos: la lana, que trabajamos con la ayuda de la rueca; el lino, uno de los más utilizados y que obtenemos de las fibras de la planta del mismo nombre; y la seda, un tejido exclusivo y muy difícil de obtener (yo soy de las pocas que manejo esa técnica).

Tejer se considera una «tarea noble», y es normal, teniendo en cuenta el estilo de vestir de los griegos y lo que les gusta estrenar *modelito* para asistir al teatro, a las Olimpiadas y a los festivales. De nuestras manos salen cientos de quitones (la túnica masculina) y peplos (el vestido típico femenino) y una gran variedad de capas de lana que se utilizan en invierno.

Los gineceos y los pocos talleres «profesionales» (que reciben los encargos más importantes) son un «punto de encuentro» en el que nos ponemos al día de lo que ocurre en la polis, y para ello contamos con la inestimable ayuda de las tejedoras que venden sus productos en el ágora y que nos traen «noticias frescas».

Ay, si esos telares hablaran…. Solo os diré que muchos eventos «sonados» –y algún escándalo– de la época se iniciaron en esas reuniones. No hay que olvidar que el significado de la palabra «trama» tiene su origen en el nombre de uno de los hilos que atraviesan nuestros tejidos…

▶ La tejedora más famosa es Penélope, la esposa del protagonista de la *Odisea*, Ulises, quien deshacía de noche lo que hilaba durante el día…

MUJERES Y TELARES

Todas las telas que los miembros de la familia necesitaban a lo largo de la vida, así como las usadas en las casas, eran realizadas por las mujeres de la familia. La materia prima básica era la lana, que en muchos casos procedía de las ovejas que se criaban en la granja familiar. Después de lavar y cardar la lana, se hilaba y se tejía en el telar, al que se reservaba un lugar especial en las casas.

Era habitual teñir los tejidos, pues a los griegos les encantaban los colores alegres e intensos, algo que no estaba al alcance de todo el mundo ya que las personas con pocos recursos solo podían vestirse con lana sin teñir.

SOY PITONISA

Me presento en nombre de Apolo (con quien tengo «línea directa»): me llamo Charis y soy pitonisa, un oficio que consiste, entre otras cosas, en transmitir los mensajes de los dioses sobre acontecimientos futuros.

Los griegos estamos empeñados en conocer el futuro para así actuar de la mejor manera posible. Y ahí es donde entramos en acción nosotras, como intermediarias entre hombres y dioses (los únicos que saben el porvenir).

Somos sacerdotisas expertas en oráculos, la forma de adivinación que interpreta los mensajes de las divinidades. Para ello, hay que reunir ciertas cualidades: vida ejemplar; gran intuición; dotes adivinatorias; don de gentes; empatía y, también, conocimientos «técnicos».

Vivo en el *adyton* («lugar en el que no se puede entrar») del templo, y recibo a los consultantes-clientes (previo pago de una tarifa) en una capilla subterránea y oscura.

Antes de empezar, hago un ritual para «entrar en trance»: bebo agua de una fuente sagrada, enciendo inciensos especiales, mastico hojas de laurel …. y me visto para la ocasión, con una túnica purificada y una corona de hojas de árboles sagrados. Después, me siento en un taburete de tres patas (que representan pasado, presente y futuro) y mi ayudante, el *prophetes*, me entrega las peticiones de cada uno de los clientes.

La mayoría de las consultas va sobre la conveniencia de invadir un territorio, iniciar una guerra o celebrar un evento en la polis; los negocios y, por supuesto, las cuestiones amorosas.

La respuesta divina hay que «trabajársela» un poco: transmito el mensaje con palabras sueltas, que tienen que relacionar e interpretar, o mediante acertijos (para los más «listillos»).

Las pitonisas también interpretamos los sueños, predecimos eclipses y damos consejos prácticos sobre cómo actuar ante los presagios.

Somos muy respetadas y, de hecho, está muy mal visto burlarse de nosotras, aunque siempre hay quien nos critica diciendo que «no hablamos claro», y se enfadan si el vaticinio no se cumple. Nuestra respuesta en estos casos es que es debido a un «error de interpretación» ya que, como dice la regla máxima de la adivinación, «el oráculo no oculta ni revela la verdad; solo la insinúa».

MANUAL DE INSTRUCCIONES FRENTE A LOS PRESAGIOS

Para los griegos, todo lo «raro» que ocurría a su alrededor (con animales, plantas, objetos) era un «presagio» o aviso de un acontecimiento inminente (bueno o malo) que los dioses enviaban a través de la naturaleza. Entre los más extendidos (y temidos) estaban la rotura de una sandalia o cruzarse con una comadreja. Las pitonisas ayudaban a descifrar estos presagios y asesoraban sobre qué hacer para protegerse frente a los menos favorables: baños de purificación, oraciones, ofrendas…

El nombre de esta profesión procede de la *Pitia*, la sacerdotisa que adivinaba el futuro en el templo de Apolo situado en Delfos.

Todo lo que decía el oráculo de Delfos era tomado al pie de la letra por la población.

Las pitonisas tenían la posición más destacada que podía ocupar una mujer en un cargo religioso. A ellas acudían todo tipo de ciudadanos, incluidos los de mayor rango, y su criterio era tan valorado que podía cambiar radicalmente una estrategia de guerra o anular una celebración.

SOY POETISA

Me llamo Erina y soy una de las pocas mujeres griegas que se dedican –con gran éxito, por cierto– a escribir poesía, el único género que no se considera «territorio literario exclusivo» de los hombres…

Que la nuestra haya llegado a ser una profesión «de prestigio» no ha sido fácil, pues en Grecia se considera que solo los hombres pueden dedicarse a la literatura «porque son los que tienen el don de la palabra» (sí, eso dicen…). De hecho, nuestro nombre procede de *poietria*, una palabra un poco despectiva con la que se nos designaba en ciertas comedias, pero ahora todos se han rendido ante la evidencia de la calidad de nuestros versos e incluso se refieren a nosotras como «mujeres de divina lengua».

Eso sí: solo puedes ser poetisa fuera de Atenas, donde no se permite a las mujeres ejercer este oficio… ni ningún otro. Vivimos en distintos territorios en los que gozamos de libertad, estudiamos y nuestro trabajo (generalmente por encargo) nos asegura una buena posición económica y social.

Nuestra «especialidad» es el mundo femenino, el paisaje, los animales (¡qué poemas tan bonitos nos inspiran nuestras mascotas!), los sentimientos y, por supuesto, el amor («no hay nada superior que aquello de lo que uno está enamorado», escribió Safo, nuestra mentora).

Dedico buena parte del día a escribir y suelo hacerlo en compañía de otras poetisas. Sabemos que somos unas privilegiadas, y siempre tenemos presente al resto de las mujeres, «confinadas» en el gineceo. A ellas está dedicado mi poema más conocido, «La rueca», en el que hablo del trabajo doméstico.

La lírica «de mujeres» es muy clara y directa (llegamos fácilmente al corazón de los lectores), sin descuidar el ritmo y la armonía, y eso nos diferencia de nuestros colegas masculinos, que usan un estilo tan rimbombante que algún texto puede ser… infumable (con el permiso del gran Homero).

Por eso, es lógico que seamos las elegidas para componer los himnos a los dioses de una o varias polis (viajamos mucho), lo que, además de dinero, tiene ventajas añadidas como ser «benefactoras» de la ciudad, recibir honores (con corona de olivo incluida), la inmunidad en caso de guerra, no pagar impuestos…

TODO GRACIAS A SAFO

Safo de Lesbos no solo fue la poetisa más famosa (se la consideraba la décima musa griega) sino que creó una especie de escuela, la «Casa de las servidoras de las musas», donde se reunían jóvenes con inquietudes literarias y en la que también se impartían clases de música, danza, protocolo… Estas reuniones contribuyeron a aumentar el prestigio de la poesía femenina y de ellas salió el grupo de las mejores autoras de la época.

Safo fue tan famosa que se levantaron estatuas en su honor y se acuñaron monedas con su nombre e imagen.

Los poemas de Safo se cantaban con el acompañamiento de la lira (de ahí el nombre de la poesía *lírica*) y se interpretaban en eventos y cenas privadas.

CORFÚ

MAR JÓNICO

OLIMPIA

ESPARTA

MICENAS

CORINTO

ATENAS

TROYA

MAR EGEO

LESBOS

SAMOS

ASIA MENOR

ÉFESO

MILETO

ISLAS CÍCLADAS

RODAS

MAR MEDITERRÁNEO

CRETA

LA ANTIGUA GRECIA

La historia de la Grecia antigua se desarrolló a lo largo de muchos siglos y en un área muy extensa formada por un territorio continental (en el extremo sur de Europa, bañado por el Mediterráneo), numerosas islas en el mar Egeo y ciudades situadas en Asia Menor. Durante este periodo, los griegos vivían en diferentes ciudades-estado (las polis), cada una de las cuales tenía sus propias leyes y formas de gobierno, pero en todas ellas se hablaba el mismo idioma (el griego), adoraban a los mismos dioses y participaban en las mismas fiestas.

LA CUNA DE OCCIDENTE

Sin la antigua Grecia no es posible entender ni el mundo actual ni la historia de la humanidad. Su arte, su cultura, su estructura social, su sistema político, su religión, su filosofía, su literatura, su deporte… Todo ello ha dejado una huella que perdura en todas las partes del mundo. Muestra de ello son los Juegos Olímpicos o las elecciones en las que se vota para elegir el presidente de un país, por ejemplo.

COLUMNA DÓRICA

COLUMNA JÓNICA

COLUMNA CORINTIA

CERÁMICA

ESCULTURA GRIEGA

CASCO

TEATRO

Aα Bβ Γγ Δδ Eε
Zζ Hη Θϑ Iι Kκ
Λλ Mμ Nν Ξξ
Oo Ππ Pρ Σσ
Tτ Yu Φφ Xχ
Ψψ Ωω

ALFABETO GRIEGO

NAVEGACIÓN

LÍNEA DEL TIEMPO

Edad de Bronce (2900 a.C.- 1100 a.C.)

Se establecen en este territorio los primeros pobladores (aqueos, de origen indoeuropeo). Civilización micénica, en Micenas (la ciudad más poderosa de la época), que supuso una etapa de esplendor, con el control comercial y político del Mediterráneo Oriental; construcción de importantes palacios y desarrollo de la escritura.

Edad Oscura (1100 a.C- 800 a.C.)

Invasión de los dorios, conocedores del hierro (fundamental para la fabricación de armas y herramientas). Periodo oscuro y tumultuoso, durante el cual tuvo lugar la Guerra de Troya, entre una coalición de griegos-aqueos y la ciudad de Troya.

Periodo Arcaico (800 a.C.-500 a.C.)

Se forman las primeras ciudades-estado (polis) y se celebran los primeros Juegos Olímpicos. Creación del alfabeto griego. Homero escribe la *Ilíada* y la *Odisea*.

Periodo Clásico (500 a.C.-336 a.C.)

Edad de Oro de la antigua Grecia. Apogeo de Atenas y desarrollo de las artes, la filosofía, las ciencias, la literatura… Consolidación de las polis y establecimiento de la democracia como forma de gobierno. Conflictos y alianzas por la soberanía entre Esparta y Atenas. Guerra entre griegos y persas.

Periodo Helenístico (336 a.C.-30 a.C.)

Macedonia conquista Grecia y el resto del «mundo conocido», dando lugar a una nueva época histórica: el helenismo, protagonizada por Alejandro Magno, hijo de Filipo II de Macedonia, y su poderoso ejército. Expansión de la lengua y la cultura griega a los territorios conquistados.

DIOSES Y DIOSAS

Los griegos rendían culto a muchos dioses y diosas; los más importantes vivían en el Olimpo, y la relación con ellos se basaba en ofrecerles sacrificios a cambio de favores (salud, éxito en los negocios, triunfo en la guerra…). Para ello les construían templos y celebraban fiestas y juegos en su honor. Los dioses eran inmortales; podían cambiar de aspecto y tenían comportamientos muy parecidos a los de los humanos: se enfadaban, celebraban, se enamoraban, se vengaban…

ZEUS

«Rey-jefe» de las divinidades griegas. Dios de la justicia y gobernador del cielo y de los fenómenos atmosféricos. Esposo de Hera; hermano de Hades y Poseidón y padre de varios dioses. Habitualmente pacífico, cuando se enfurecía lanzaba un rayo mortífero.

Cómo se identificaba: como un hombre de mediana edad, con barba, complexión fuerte y llevando en la mano un rayo y a veces también un cetro y un águila.

HERA

Esposa de Zeus, reina de las divinidades femeninas y diosa protectora del matrimonio y de las mujeres (especialmente de las que habían sido engañadas, ya que tenía fama de ser muy vengativa).

Cómo se identificaba: adornada con una diadema y acompañada de un pavo real.

APOLO

Una de las divinidades más «completas»: dios de la música, las artes, la medicina, la luz, el sol, la poesía y la adivinación (al famoso oráculo que había en su templo de la ciudad de Delfos acudían ciudadanos de toda Grecia para conocer su futuro).

Cómo se identificaba: se asociaba con la belleza masculina, y se representaba como un joven hermoso de cabello rizado, tocando la lira, o con un arco y unas flechas o llevando una corona de laurel.

AFRODITA

Diosa del amor y de la belleza femenina, estaba casada con Hefesto, el dios del fuego y la metalurgia, considerado también como el más feo de los dioses.

Cómo se identificaba: como una joven de gran belleza, elegantemente vestida. Se la asociaba a símbolos como una concha marina, una paloma o una manzana. Además también se la asociaba con el suave e inspirador color rosa.

HERMES

Era el dios mensajero, que comunicaba a los dioses entre sí y a estos con los hombres. También protegía a los viajeros y comerciantes y era la deidad a la que acudían los pastores. Tenía el encargo de guiar al submundo (infierno) el alma de los fallecidos.

Cómo se identificaba: llevaba un característico gorro-casco y unas sandalias con alas. A veces también se le representaba llevando una varita en sus manos.

ARES

Uno de los más temidos (tanto por los hombres como por los dioses), ya que era el dios de la guerra. Agresivo y sanguinario, era capaz de mostrarse muy cruel. Experto en armas y batallas, no tenía miedo a nada, ni siquiera a las heridas que recibía cuando entraba en combate.

Cómo se identificaba: como un hombre de gran tamaño, fuerte y corpulento, llevando casco, escudo, una espada y una antorcha ardiendo.

ATENEA

Protectora de Atenas, era la diosa de la sabiduría, de la justicia y de la estrategia de guerra (luchó del lado de los griegos en la Guerra de Troya). Se creía que era ella quien había enseñado a los griegos los números.

Cómo se identificaba: siempre se la representaba como «guerrera», con casco, lanza, escudo y llevando una égida (piel de cabra). Sus símbolos eran el búho y el olivo (su animal y planta preferidos).

DEMÉTER

Diosa de las cosechas, de la agricultura, de la fertilidad y de la naturaleza. También se asociaba al amor maternal, ya que abandonó el Olimpo para buscar a su hija Perséfone, que había sido raptada por Hades, dios del inframundo.

Cómo se identificaba: como una mujer de aspecto majestuoso, que lucía en su cabeza una corona de espigas y llevaba en la mano una hoz, un bastón o cetro o una amapola.

DIONISOS

Ostentaba el título de dios del vino. Se le asociaba a la fiesta, a las celebraciones y a la vida alegre y en honor a él se celebraban los juegos y se representaban las obras de teatro.

Cómo se identificaba: se le representa con una corona y una vara hechas de hojas de hiedra y vid, una copa de vino y un bastón decorado con una piña.

HEFESTO

Encargado del fuego y de los metales, se le consideraba el artesano de los dioses (fabricaba joyas, armas, escudos…). Por su aspecto poco agraciado fue expulsado del Olimpo.

Cómo se identificaba: tenía la imagen de un hombre mediana edad con un hacha en la mano o un martillo y un yunque.

ARTEMISA

Hija de Zeus y hermana gemela de Apolo, Artemisa era la diosa de la caza, los bosques y las fieras. También se asociaba a los partos y a la luna, y era la protectora de los jóvenes. Le estaba consagrado el ciprés.

Cómo se identificaba: llevaba un vestido corto (chitón), ataviada con un arco con flechas y acompañada de animales (habitualmente una cierva).

POSEIDÓN

Hermano de Zeus y dios de los mares y las aguas, era el encargado de «activar» los terremotos, las tempestades y las tormentas.

Cómo se identificaba: se representaba como un hombre barbudo, montado sobre un carro tirado por animales monstruosos (mezcla de caballos y serpientes) y llevando un enorme tridente en la mano.

LAS POLIS

Entre todas las polis, hubo dos que tuvieron un protagonismo especial: Esparta, en la que todo lo relacionado con la vida militar y el ejército era prioritario, y Atenas, que durante buena parte de la Antigüedad fue el eje de esta civilización desde el punto de vista político, cultural y artístico.

Ambas tenían un gobierno y una organización distintas, y también había diferencias sociales (las mujeres, por ejemplo, tenían mucha más libertad en Esparta). Otras ciudades-estado importantes fueron Delfos, Tebas, Olimpia, Éfeso, Pérgamo y Cirene.

DIFERENCIAS ENTRE ATENAS Y ESPARTA

ATENAS

DEMOCRACIA

SOCIEDAD DEMOCRÁTICA

DESARROLLO DE LA CULTURA Y LAS ARTES

SE FOMENTA LA LIBERTAD INDIVIDUAL

ESPARTA

ARISTOCRACIA MILITAR

SOCIEDAD MILITARISTA

NO SE FOMENTA LA CULTURA NI LAS ARTES

NO HAY LIBERTAD INDIVIDUAL

LA VIDA EN LA POLIS

Atenas es el mejor ejemplo de cómo era el estilo de vida de los griegos que habitaban en las polis. Todas las ciudades-estado tenían en común la dedicación a la agricultura de buena parte de la población (aunque la tierra cultivable era escasa), la cercanía al mar y, sobre todo, una intensa actividad social.

ATENAS: SIEMPRE UN PASO POR DELANTE

Atenas vivió su edad de oro durante el siglo V a.C., una etapa conocida también como «el siglo de Pericles», un gobernante cuyo mandato coincidió con un momento de grandes avances en todos los ámbitos. Esta polis siempre iba más avanzada que las demás social, cultural, política y militarmente (cuando Esparta le dejaba), y por eso el resto no solo la tomaban como ejemplo sino que le pagaban un tributo para que las defendiera en caso de guerra. Los atenienses utilizaron este «impuesto» para la construcción, entre otros edificios, de los grandes templos de la Acrópolis.

EL ÁGORA: UN PUNTO DE ENCUENTRO

Cada una de las polis comprendía la ciudad y sus alrededores. La mayoría de ellas estaban rodeadas por una muralla y en todas había un lugar que era el centro de la vida de la ciudad: el **ágora**, una especie de gran mercado en el que, además de la compra venta de productos, se desarrollaba una intensa actividad.

En el ágora se comerciaba con todo tipo de objetos, desde alimentos hasta telas y tejidos, y también se instalaban puestos de comida ya preparada. Siempre había mucha gente, por lo que era un lugar muy ruidoso y, en ocasiones, caótico.

Todo lo que ocurría en la ciudad se comentaba –e incluso se tramaba– en el ágora. Alrededor se situaban los edificios públicos y algunos templos, y en sus cercanías se encontraban los talleres de los artesanos.

Ágora de Atenas.

Acrópolis de Atenas.

Y EN LO MÁS ALTO, LA ACRÓPOLIS

Si el ágora se consideraba el corazón de la polis, su alma era la acrópolis o *ciudad alta*, una ciudadela situada en una colina y en la que se encontraban los templos de las principales divinidades. Originalmente, y debido a su excelente ubicación –con vistas sobre el mar– las acrópolis tuvieron una función defensiva, pero en la mayoría de las ciudades se consideraban lugares de culto.

Según la tradición, existía la creencia de que la acrópolis había sido el escenario de los principales sucesos de la mitología griega, lo que proporcionaba a este lugar un ambiente mágico, espiritual y diferente al que se respiraba en el resto de la polis.

LA SOCIEDAD ATENIENSE

En Atenas, la sociedad estaba dividida básicamente en dos bloques: ciudadanos y no ciudadanos.

CIUDADANOS

Los **ciudadanos** eran los varones adultos nacidos en la ciudad, hijos de padre y madre ateniense. Se incluían en esta clase social a sus mujeres e hijos, aunque solo el ciudadano hombre podía ejercer el «derecho de ciudadanía».

El derecho a la ciudadanía implicaba a su vez tres derechos: el de la propiedad del suelo, intervenir en la vida política y participar de los beneficios económicos de la ciudad.

Algunos ciudadanos eran ricos y ocupaban cargos de poder, pero la mayoría se dedicaban a la artesanía y a la agricultura o tenían pequeños negocios.

CIUDADANOS

METECOS

ESCLAVOS

MUJERES

NO CIUDADANOS

El resto de la población formaba el grupo de los **no ciudadanos**, que estaba integrado por:

METECOS

Hombres libres y extranjeros que vivían en Atenas, pero carecían de la ciudadanía y, por tanto, de muchos derechos, aunque podían ejercer su profesión. Por lo general eran comerciantes, que exportaban e importaban artículos de distintos tipo, y algunos ejercían como artesanos en talleres propios.

ESCLAVOS

Formaban el grupo de población más numeroso. No disfrutaban de ningún derecho, aunque estaban protegidos por la ley. Muchos de ellos trabajaban en las minas, mientras que otros pertenecían a su dueño y dependían totalmente de él. Cualquier actividad podía ser llevada a cabo por un esclavo, a excepción de dedicarse a la política.

MUJERES

No tenían ninguna categoría jurídica, por lo que no podían comprar tierras, firmar documentos ni ejercer un oficio. Dependían de su padre primero y de su marido después, que actuaban como «tutores», y pasaban la mayor parte del tiempo en el *oikos* (hogar) realizando labores domésticas.